Matthias Bauer

Xcerpt - eine Anfrage- und Transformationssprache für XML

GRIN Verlag

Bibliografische Information der Deutschen Nationalbibliothek:

Die Deutsche Bibliothek verzeichnet diese Publikation in der Deutschen National-
bibliografie; detaillierte bibliografische Daten sind im Internet über http://dnb.d-
nb.de/ abrufbar.

Impressum:

Copyright © 2004 GRIN Verlag GmbH
Druck und Bindung: Books on Demand GmbH, Norderstedt Germany
ISBN: 978-3-656-45407-6

Dieses Buch bei GRIN:

http://www.grin.com/de/e-book/27245/xcerpt-eine-anfrage-und-transformationss-
prache-fuer-xml

GRIN - Your knowledge has value

Der GRIN Verlag publiziert seit 1998 wissenschaftliche Arbeiten von Studenten, Hochschullehrern und anderen Akademikern als eBook und gedrucktes Buch. Die Verlagswebsite www.grin.com ist die ideale Plattform zur Veröffentlichung von Hausarbeiten, Abschlussarbeiten, wissenschaftlichen Aufsätzen, Dissertationen und Fachbüchern.

Besuchen Sie uns im Internet:

http://www.grin.com/

http://www.facebook.com/grincom

http://www.twitter.com/grin_com

Martin-Luther-Universität Halle-Wittenberg

Wirtschaftswissenschaftliche Fakultät

Seminararbeit

im Rahmen des Informatikseminars über Datenbanken und das WWW

SS 04

XCerpt – eine Anfrage- und Transformationssprache für XML

Inhaltsverzeichnis

1	**Einleitung**	**1**
2	**Basis-Konstrukte von XCerpt**	**2**
	2.1 Database Terms	2
	2.2 Query Terms	3
	2.2.1 Allgemeines	3
	2.2.2 Der Konstruktor -> ("as")	5
	2.2.3 Der Konstruktor *desc* (descendant)...........	7
	2.3 Construct Terms	7
	2.3.1 Allgemeines	7
	2.3.2 Der Konstruktor *all*	8
	2.3.3 Der Konstruktor *some*	8
3	**Aufbau eines Xcerpt Programms**	**10**
	3.1 Construct-Query-Rules	10
	3.2 Goals	11
	3.3 Rule Chaining	12
4	**Weitere Konstrukte von Xcerpt**	**13**
	4.1 Attribute	13
	4.2 Groups	14
5	**Ausblick und zukünftige Herausforderungen**	**15**
	Literaturverzeichnis	**II**
	Anhang A: XML-Quelldatei	**III**

1 Einleitung

Die zunehmende Bedeutung von XML als Format für den Datenaustausch und zur Repräsentation von semistrukturierten Datenbanken steigert auch das Interesse an Anfrage- und Transformationssprachen für XML und semistrukturierte Daten. Viele Sprachen wie XPath und XQuery verfolgen dabei einen navigationellen Ansatz, denn für die Variablenbindung wird vom Programmierer verlangt, explizite Pfadangaben durch Dokumente oder Datensätze anzugeben. Im Gegensatz dazu gibt es Anfragesprachen die „musterbasiert" sind. Die Variablenbindung entspricht der mathematischen Logik, das heißt der Programmierer gibt Muster oder Schablonen an, die an ein oder mehreren Stellen Variablen enthalten können. (vgl. Berger/Bry/Schaffert 2004)

Xcerpt ist eine experimentelle, regel- und musterbasierte Anfrage- und Transformationssprache für XML und semistrukturierte Daten. Dabei ist Xcerpt insofern experimentell, als dass es als Ziel hat, einen nicht-navigationellen Ansatz zur Anfrage auf Web-Daten zu untersuchen. Es wird somit ein anderer Ansatz verfolgt, als der der am weitesten verbreiteten Anfragesprachen XPath und XQuery. Eine prototypische Implementierung der Sprache kann auf der Seite http://demo.xcerpt.org getestet werden.

Ziel dieser Seminararbeit ist es, den Aufbau von Xcerpt, sowie die Funktionsweise der Anfrage- und Transformationssprache vorzustellen. Da es bisher nur wenig Literatur zum Thema gibt, beschränkt sich die Arbeit vorwiegend auf den Artikel von Bry und Schaffert. (vgl. Bry/Schaffert 2002) Die Beispiele sind dabei zum größten Teil übernommen wurden. Da es sich jedoch um eine Arbeit aus dem Jahr 2002 handelt, zeigten sich bezüglich der Syntax der Anfragen im Vergleich mit dem aktuellen Prototyp einige Abweichungen. In dieser Arbeit wurde die aktuelle Syntax (Xcerpt2) verwendet.

Die folgende Arbeit gliedert sich in 6 Kapitel. Kapitel 2 stellt die Basiskonstrukte von Xcpert vor. Darauf aufbauend wird der Aufbau eines Xcerpt-Programms erläutert (Kapitel 3). Anschließend werden weitere bis dahin nicht genannte Konstrukte vorstellt (Kapitel 4). Eine Zusammenfassung und ein Ausblick hinsichtlich der zukünftigen Herausforderungen schließen die Seminararbeit ab (Kapitel 5).

2 Basiskonstrukte von Xcerpt

In diesem Kapitel werden die grundlegenden Terme und Konstrukte der Anfrage- und Transformationssprache Xcerpt vorgestellt. Zu den Termen gehören Database Terms, Query Terms und Construct Terms.

2.1 Database Terms

Database Terms werden zur Darstellung von XML-Dokumenten und Datensätzen semistrukturierter Datenbanken verwendet. Die Einträge können demnach sowohl in geordneter Form, als auch in ungeordneter Form auftreten. (sortiert oder nicht sortiert)

Beispiel 1: Das folgende Database Term mit der Wurzel „lib" beschreibt das Buchangebot des Online-Buchladens bn.com. Die dazugehörige XML-Struktur befindet sich im Anhang (Anhang A)

```
bib {
        book {
                title { "TCP/IP Illustrated" },
                authors [ author {"W. Stevens" } } ],
                publisher { "Addison-Wesley" },
                price { "65.95" }
        },
        book {
                title { "Advanced Programming in the Unix environment" },
                authors [ author { "W. Stevens" } } ],
                publisher { "Addison-Wesley" },
                price { "65.95" }
        },
        book {
                title { "Data on the Web" },
                authors [
                        author { "Serge Abiteboul" },
                        author { "Peter Buneman " },
                        author { "Dan Suciu" }
                        ],
                publisher { "Morgan Kaufmann Publishers" },
                price { "39.95" }
        },
        book {
                title { "The Economics of Technology and Content for Digital TV" },
                editor { last { "Gerbarg" }, first { "Darcy" }, affiliation { "CITI" } },
                publisher { "Kluwer Academic Publishers" },
                price { "129.95" }
        }
}
```

Der Database Term enthält 2 unterschiedliche Klammerarten. Dazu gehören zum einen die geschweiften Klammern { } welche ausdrücken, dass die Subelemente unsortiert sind und zum anderen die eckigen Klammern [ ], die ausdrücken, dass die Subelemente sortiert sind.

2.2 Query Terms

2.2.1 Allgemeines

Query Terms sind Muster oder Schablonen die auf Database Terms angewendet werden. Nur wenn der Database Term in das Muster passt, wird er selektiert und anschließend ausgewertet. Nach Bry und Schaffert haben Query Terms folgende Eigenschaften:

1.) in einem Query Term ist es möglich, partielle Termspezifikationen zu verwenden, um irrelevante Teile auszulassen
2.) in einem Query Term können Teilterme, wie in Database Terms, geordnet oder ungeordnet sein
3.) in einem Query Term ist es möglich, Teilterme auf beliebiger Tiefe anzugeben (*descendant*)

Query Terms enthalten neben einfachen geschweiften und einfachen eckigen Klammern auch doppelt geschweifte {{ }} und doppelt eckige Klammern [[ ]].

Eine einfache Klammerung, { } und [ ], bedeutet, dass die Database Terms, welche ausgewertet werden sollen, an dieser Stelle nur die in der einfachen Klammer angegebenen Terme enthalten dürfen und müssen. Enthält ein Database Term an der Stelle mehr oder nicht exakt die gleichen Terme, fällt er durch das Muster und wird demnach nicht ausgewertet.

Die doppelten Klammern, {{ }} und [[ ]], bedeuten, dass die in den Klammern angegebenen Terme zwar vorhanden sein müssen, jedoch können weitere Terme neben ihnen existieren.

Eckige Klammern in Query Terms zeigen an, dass alle Terme, die in Ihnen angegeben werden, in der gleichen Reihenfolge auch in dem Database Term vorkommen müssen. Geschweifte Klammern bedeuten, dass die Reihenfolge der angegebenen Terme in dem Database Term keine Rolle spielt.

Eine leere doppelte Klammerung bedeutet, dass hier beliebig viele Terme stehen können. Eine leere einfache Klammerung bedeutet, dass der Term keinen Subterm enthalten darf.

Beispiel 2: Der folgende Query Term stellt ein Muster dar, in welches Beispiel 1 passt. Deshalb würde Beispiel 1 bei der Anfrage berücksichtigt werden.

```
bib {{
    book {{
        title { "Data on the Web" }
    }}
}}
```

Das Muster beschreibt, dass es einen Wurzelknoten „bib" geben muss, mit einem Subterm „book". „book" selbst muss ebenfalls einen Subterm aufweisen namens „title". „title„ muss und darf nur einen Subterm aufweisen namens „Data on the Web". Ist die genaue Schreibweise des Subterms nicht bekannt (Data on the Web oder Data_on_the_web etc.) kann durch den Ausdruck .*Data.* beschrieben werden, dass der Subterm lediglich Data enthalten muss.

Beispiel 3: Dieser Query Term ist nur geringfügig verändert gegenüber Beispiel 2 und dennoch würde Beispiel 1 nicht zum Muster passen.

```
bib {
    book {{
        title { "Data on the Web" }
    }}
}
```

Entscheidend ist die einfache Klammerung vor „book" die angibt, dass es nur den Term namens „book" an der Stelle geben darf. Beispiel 1 enthält jedoch mehrere Terme an der Stelle („book", „book", „book") weshalb es nicht mehr zum Muster passt und bei der Anfrage nicht berücksichtigt wird.

Beispiel 4: Auch bei dieser Anfrage würde Beispiel 1 nicht das angegebene Muster erfüllen.

```
bib {{
    book [[
        authors {{ }},
        title { "Data on the Web" }
    ]]
}}
```

Die eckige Klammer legt die Reihenfolge von „authors" und „title" fest. In Beispiel 1 steht „authors" jedoch nach „title". Beispiel 1 erfüllt damit nicht das Muster.

Query Terms können Variablen enthalten, die durch die Anfrage mit entsprechenden Einträgen und Bindungen versehen werden.

Beispiel 5: Dieses Beispiel legt die zwei Variablen X und Y fest.

```
bib {{
    book {{
        title { var X },
        authors {{ author {{ var Y}} }}
    }}
}}
```

X wird dabei an die Werte von "title" gebunden, Y an die Werte von „author". Gleichzeitig werden Bindungen zwischen X und Y hergestellt. Bezogen auf das Beispiel 1 werden so beispielsweise folgende Bindungen abgespeichert.

Y = "Dan Suciu" und X = „Data on the Web"

Y = "Serge Abiteboul" und X = „Data on the Web"

2.2.1 Der Konstruktor -> („as")

In Beispiel 5 nehmen die Variablen den Wert der Terme ein, die an der entsprechenden Stelle vorkommen. Durch den Konstruktor „->" ist es möglich die Variablen in höheren Positionen festzulegen und die Bindungen mit entsprechenden Einschränkungen zu versehen.

Beispiel 6: Hier wird der Konstruktor „->" eingesetzt um die Variable Y an den Term „authors" zu binden.

```
bib {{
    book {{
        title { var X },
        var Y -> authors {{ author {„Dan Suciu"} }}
    }}
}}
```

Bezogen auf Beispiel 1 enthielten die Variablen X und Y anschließend folgende Verbindungen.

Y = authors {author { „Dan Suciu" },

author { „Serge Abiteboul" },

author { „Peter Bunemann" } }   und   X = „Data on the Web"

Die Einschränkung („Dan Suciu") bewirkt, dass nur solche Bindungen aufgebaut werden in denen der Autor „Dan Suciu" verkommt. Allerdings bezieht sich die Einschränkung auf „authors", das heißt, Y wird nur dann mit „authors" und deren Termen verbunden, wenn unter „authors" ein „author" existiert, mit dem Namen „Dan Suciu". Alle Subterme die unter dem „authors" stehen, welches die Bedingung erfüllt, werden ebenfalls mit der Variable verbunden.

Beispiel 7: Zum Vergleich wird hier der „->" Konstruktor nicht eingesetzt. Die Variable wird dabei nur durch die Einschränkung an „authors" gebunden, enthält jedoch nicht wie bei Beispiel 6 alle Subterme.

```
bib {{
    book {{
        title { var X },
        var Y {{ author {„Dan Suciu"} }}
    }}
}}
```

Daraus ergibt sich folgende Verbindung.
Y = "authors" und X = „Data on the Web"

Beispiel 8: Hier fehlt die Einschränkung für die Variable Y.

```
bib {{
    book {{
        title { var X },
        var Y {{ }}
    }}
}}
```

Y kann demnach folgende Werte annehmen.
Y = „editor", Y = „price", Y = „authors", Y = "publisher"
Variablen können sowohl innerhalb als auch außerhalb des Query Terms festgelegt werden, wie es Beispiel 9 zeigt. Allerdings ist diese Art vor allem bei komplexen Anfragen nicht geeignet, da die Zusammenhänge, um sie zu verstehen, erst im Kopf hergestellt werden müssen. Mit zunehmender Komplexität der Anfrage gestaltet sich die Nachvollziehbarkeit umso schwerer.

Beispiel 9:

```
bib {{
    book {{
```

```
        title { var X },
            var Y
    }}
}}
var Y-> authors {{ author {„Dan Suciu"} }}
```

2.2.1 Der Konstruktor *desc* (descendant)

Mit dem Konstruktor *desc* wird ausgedrückt, dass ein Sub-Term in einer beliebigen Tiefe im Database Term enthalten sein muss.

Beispiel 10: Anwendung des desc-Konstruktors in einem Query Term

bib {{ book {{ var X -> title, authors {{ desc "W. Stevens" }} }} }}

Diese Anfrage sucht nach einem Database Term, welcher einen Wurzelknoten „bib" hat, dieser wiederum hat einen Sub-Term „book" (neben anderen), „book" wiederum hat die Sub-Terme „title" und „authors" (neben anderen), wobei „authors" einen Term in beliebiger Tiefe enthält der „W. Stevens" heißt.

2.3 Construct Terms

2.3.1 Allgemeines

Xcerpt Construct Terms dienen der Konstruktion neuer Database Terms aus den in den Query Terms festgelegten Variablen und Bindungen zwischen den Variablen. Dabei kommen auch hier einfache geschweifte Klammern { } und einfache eckige Klammern [ ] vor. Sie zeigen an, ob die Werte in dem neuen Database Term geordnet oder ungeordnet abgebildet werden sollen.

Nicht erlaubt ist die Verwendung von doppelt eckigen und doppelt geschweiften Klammern, die Verwendung des desc-Konstruktors sowie des „->" Konstruktors. Es findet demnach eine strikte Trennung zwischen der Variablenerstellung (Query Terms) und der Variablenverwendung (Construct Terms) statt.

Beispiel 11: Ausgehend von Beispiel 1 und unter Verwendung von Beispiel 5 sollen hier die Bindungen der Variablen X und Y ausgegeben werden. Der vorliegende Construct Term gibt genau ein mögliches Variablenpaar aus.

results { result { var X, var Y} }

Die Ausgabe sieht wie folgt aus:

```
results {
        result {"TCP/IP Illustrated", "W. Stevens"}
}
```

3.2 Der Konstruktor *all*

Da es nicht immer sinnvoll ist nur ein Variablenpaar auszugeben, existiert der Konstruktor "all". Er erlaubt es alle Variablenpaare auszugeben.

Beispiel 12: Die folgende Ausgabe gibt unter dem Element „results" alle entsprechenden Paare aus.

```
results { all result { var X, var Y} }
```

Das Ergebnis sieht demnach wie folgt aus:

```
results {
        result {"TCP/IP Illustrated", "W. Stevens"},
        result {"Advanced Programming in the Unix environment", "W. Stevens"},
        result {"Data on the Web", "Serge Abiteboul"},
        result {" Data on the Web ", "Peter Buneman "},
        result {" Data on the Web ",  "Dan Suciu" }
}
```

Beispiel 13: Der all Konstruktor erlaubt es auch bestimmte Bedingungen gesammelt auszugeben was in diesem Beispiel demonstriert wird.

```
results { all result { var X, all var Y} }
```

Dieser Construct Term gibt zu einem Titel gleich alle Autoren aus. Die Ausgabe sieht demnach wie folgt aus.

```
results {
        result {"TCP/IP Illustrated", "W. Stevens"},
        result {"Advanced Programming in the Unix environment", "W. Stevens"},
        result {"Data on the Web", "Serge Abiteboul", "Peter Buneman ",  "Dan Suciu" }
}
```

3.3 Der Konstruktor *some*

Oft ist eine einzige Ausgabe zu wenig, alle Ausgaben jedoch zu viel. Der Konstruktor „some" ermöglicht die Konstruktion eines Database Terms mit einer festgelegten Anzahl von Ausgabewerten.

Beispiel 14: Der folgende Construct Term erstellt genau 2 mögliche Paare.

```
results { some 2 result { var X, var Y} }
```

Die Ausgabe sieht demnach wie folgt aus:

```
results {
        result {"TCP/IP Illustrated", "W. Stevens"},
        result {"Advanced Programming in the Unix environment", "W. Stevens"}
}
```

Wird eine Variable X einmal in einer some-Anweisung angesprochen und anschließend nochmals an einer anderen Stelle im Construct Term, so wird bei der Ausgabe berücksichtigt, dass einige Bindungen im Rahmen der some-Anweisung schon ausgegeben wurden. Sie werden deshalb nicht noch mal im neuen Database Term aufgeführt.

Beispiel 15:

```
results {
        ausgabe1 {
                some 2 result { var X, var Y}
        },
        result { var X, var Y}
}
```

Dazu passt folgende Ausgabe.

```
results {
        ausgabe1 {
                result {"TCP/IP Illustrated", "W. Stevens"},
                result {"Advanced Programming in the Unix environment", "W. Stevens"}
        },
        result {"Data on the Web", "Serge Abiteboul"}
}
```

3 Aufbau eines Xcerpt Programms

In Kapitel 2 wurden die Basiskonstrukte und deren Funktionsweisen vorgestellt. Im Folgenden soll gezeigt werden wie die Basiskonstrukte in einem Xcerpt Programm angeordnet sind.

3.1 Construct-Query-Rules

Die Construct-Query-Rules (auch Rules genannt) verbinden Construct Terms mit einem oder mehreren Query Terms. Die Query Terms können dabei durch die Operatoren *and* und *or* miteinander verbunden werden. *or* bedeutet, dass nur einer der Query Terms erfüllt sein muss, damit der entsprechende Database Term in das Muster passt. Sind zwei oder mehrere Query Terms durch *and* miteinander verbunden, so müssen alle verknüpften Query Terms erfüllt sein. Nach Bry und Schaffert (2002) hat eine Xcerpt Rule die allgemeine Form rule { cons { c }, query { q } }. „c" steht dabei für einen Construct Term, „q" steht für einen Query Term. Bei Tests mit dem Prototyp wurde jedoch folgende Schreibweise festgestellt. CONSTRUCT c FROM q END

Beispiel 16: Hier wird der Construct Term von Beispiel 13 mit dem Query Term von Beispiel 5 verbunden. Durch in { resource {"****"}} wird das Ziel der Anfrage spezifiziert.

```
CONSTRUCT
        results { all result { var X, all var Y} }
FROM
        in {
                resource {"bn.com"},
                bib {{ book {{title {var X}, authors {{ author {{var Y}} }} }} }}
        }
END
```

Beispiel 17: Diese Rule zeigt die Verknüpfung zweier Query Terms durch den and-Operator. Da die Variable X in beiden Query Terms vorkommt, bewirkt sie einen Join über die Variable X.

```
CONSTRUCT
        books { all book { title {X}, price-a { var A}, price-b {var B} } }
FROM
```

```
and {
      in {
            resource {"bn.com"},
            bib {{ book {{title {var X}, price {var A} }} }} }}
      },
      in {
            resource {"amazon.com"},
            bib {{ book {{title {var X}, price {var B} }} }} }}
      }
}
END
```

Beispiel 18: Hier wird der Operator or eingesetzt. Damit werden alle Paare zwischen Titel und Preis ausgegeben, die bei „amazon.com" und „bn.com" vorkommen.

```
CONSTRUCT
      books { all book { title { var X}, price { var A} } }
FROM
      or {
            in {
                  resource {"bn.com"},
                  bib {{ book {{title {var X}, price {var A} }} }} }}
            },
            in {
                  resource {"amazon.com"},
                  bib {{ book {{title {var X}, price {var A} }} }} }}
            }
      }
END
```

Der or-Operator kann auch innerhalb der Query Terms eingesetzt werden.

3.2 Goals

Ein weiterer Bestandteil eines Xcerpt Programms sind Goals. Durch die Rules wurde festgelegt, welche Form der Database Term haben muss, um ausgewertet zu werden, welche Werte die Variablen bekommen und wie diese anschließend angeordnet werden. Das eigentliche Ziel, also Abspeicherung der Ausgabe in einer Datei, fehlte bisher.

Beispiel 19: Hier soll die Ausgabe in einer XML-Datei erfolgen. Die hinter der Datei zu findende Angabe „xml" gibt an, dass die Ausgabe im XML-Format ausgegeben werden soll.

```
GOAL
      out {
            resource { „Ausgabedatei.xml", „xml" },
```

```
                    results {all var AUSGABE}
        }
FROM
        var AUSGABE -> books {{ }}
END

CONSTRUCT
        books { all book { title { var X}, price { var A} } }
FROM
    or {
        in {
                resource {"bn.com"},
                bib {{ book {{title {var X}, price {var A} }} }}
        },
        in {
                resource {"amazon.com"},
                bib {{ book {{title {var X}, price {var A} }} }}
        }
    }
END
```

Deutlich wird an diesem Beispiel das auch der Goal-Teil aus einem Construct Term und einem Query Term besteht und dass er sich auf die Ergebnisse der Rule bezieht (var AUSGABE -> books {{ }}). Ein Xcerpt Programm kann mehrere Goals enthalten und somit unterschiedliche Ausgaben aus einer einzigen Anfrage generieren. So ist es möglich unterschiedliche Dateien mit verschiedenem oder auch gleichem Inhalt anzulegen.

3.2 Rule Chaining

Wie bereits erwähnt können sich Goals auf den Construct Term einer Rule beziehen. Es ist jedoch auch möglich, dass sich eine Rule auf den Construct Term einer anderen Rule bezieht. Dieser Vorgang wird als Rule-Chaining bezeichnet, da die Rules miteinander verkettet werden.

Beispiel 20: Die abgebildeten Rules beziehen sich auf Beispiel 17. Das heißt Beispiel 17 ist der Ausgangspunkt. Die dortige Rule legt durch den enthaltenen Construct Term und den Query Terms einen neuen Database Term fest, welcher im Hauptspeicher des Xcerpt-Prozessors gespeichert wird. Darauf aufbauend werden diese beiden Rules ausgeführt, welche das Construct der Rule aus Beispiel 17 auslesen und neue Variablen festlegen. Diese werden dann in den 2 Construct Terms unterschiedlich angeordnet. 2 Goals könnten anschließend verwendet werden, um das Format in 2 passenden Dateien auszugeben.

```
CONSTRUCT
        table {
                tr { td { "Booktitle" }, td { "Price at A" }, td { "Price at B" } },
                all tr { td { var X }, td { var A }, td { var B } }
        }
FROM
        books {{
                book { title { var X }, price-a { var A }, price-b { var B } }
        }}
END


CONSTRUCT
        card {
                "Title: ", var X, br{},
                "Price at A", var A , br{},
                "Price at B", var B , br{}
        }
FROM
        books {{
                book { title { var X }, price-a { var A }, price-b { var B } }
        }}
END
```

4 Weitere Konstrukte von Xcerpt

In diesem Kapitel werden Konstrukte beschrieben, die nicht zu den zwingend benötigten Konstrukten von Xcerpt gehören, aber die Arbeit mit Xcerpt erleichtern können. Sie werden aus Gründen der Vollständigkeit kurz vorgestellt.

4.1 Attributes

Attribute sind Elemente in einem Database Term welche einen Wert zugeordnet bekommen. Bezogen auf das Beispiel 1 können somit beispielsweise Preis (price) und Titel (title) als Attribute bezeichnet werden. Da Attribute und deren Werte, wie beispielsweise der Name eines Autors, an vielen verschiedenen Stellen im Database Term vorkommen können, treten Redundanzen auf. Es erscheint somit sinnvoll, die Attribute an nur einer Stelle zu speichern und an der entsprechenden Stelle im Database Term allein den Verweis auf den Speicherplatz zu geben. Dazu wird zunächst eine Attribut-ID a vergeben, die mit dem entsprechenden Element *elt* verknüpft wird (*a: elt*). An der Stelle im Database Term wird eine IDREF ↑a angegeben, die auf die vorher festgelegte Attribut-ID zeigt.

Beispiel 21: In diesem Fall werden die unterschiedlichen Autoren mit 4 Attribut-IDs (a1, a2, a3, a4) verknüpft und zu Beginn des Database Terms abgespeichert. Im Verlauf des Database Terms verweisen die 4 IDREF (↑a1, ↑a2, ↑a3, ↑a4) auf die oben angegebenen Attribut-IDs und deren Einträge.

```
bib {
        a1: author { last{ "Stevens" }, first { "W." } },
        a2: author { last{ "Abiteboul" }, first { "Serge" } },
        a3: author { last{ "Buneman" }, first { "Peter" } },
        a4: author { last{ "Suciu" }, first { "Dan" } },

        book {
                title { "TCP/IP Illustrated" },
                authors [ ↑a1 ],
                publisher { "Addison-Wesley" },
                price { "65.95" }
        },

        book {
                title { "Advanced Programming in the Unix environment" },
                authors [ ↑a1 ],
                publisher { "Addison-Wesley" },
                price { "65.95" }
        },

        book {
                title { "Data on the Web" },
                authors [ ↑a2, ↑a3, ↑a4 ],
                publisher { "Morgan Kaufmann Publishers" },
                price { "39.95" }
        }
}
```

Da sich diese Syntax auf den Database Term bezieht, konnten leider keine Tests mit dem Prototyp durchgeführt werden.

4.2 Groups

Durch den Group-Construct ist es möglich Ressourcen für *in-* und/oder *out*-Terme für eine ganze Gruppe von Rules und/oder Goals festzulegen. Sie brauchen somit nicht jedes Mal neu angegeben werden.

Beispiel 22: Dieses Beispiel zeigt die Darstellung einer Gruppierung nach der älteren Xcerpt1-Syntax.

```
group{
        out { "output1.xml" }, in { "db1.xml", "db2.xml" },
        rule { cons { c1 { : : : } }, query { q1 { : : : } } },
        rule { cons { c2 { : : : } }, query { q2 { : : : } } },
        rule { cons { c3 { : : : } }, query { in { "db3.xml" }, q3 { : : : } } },
        goal{ c1 { : : : } },
        goal{ out{ "output2.xml", "output3.xml" }, c2 { : : : } }
}
```

Zu sehen ist zu Beginn eine Festlegung der output-Datei *output1.xml* und der input-Dateien *db1.xml* und *db2.xml*. Anschließend folgen die Rules und Goals.

Anstelle von GOAL c FROM q END lautet die Schreibweise für ein Goal goal{ c1 { : : : } }. q1 und q2 beziehen sich auf die vorab angegebenen input-Dateien. q3 bekommt eine extra input-Datei zugewiesen *(db3.xml)*. Für das erste Goal zählt die output-Datei *output1.xml*. Im zweiten Goal werden neue output-Dateien festgelegt. Somit wird das zweite Goal in den Dateien *output2.xml* und *output3.xml* ausgegeben. Obwohl also die output und input-Dateien vorab festgelegt werden, können sich einzelne Anfragen innerhalb der Gruppe auf andere Ressourcen beziehen.

Da der der Befehl „group" weder bei der Xcerpt1-Syntax noch bei der Xcerpt2-Syntax durch den Prototyp erkannt wurde, ist dem Autor die korrekte Syntax leider nicht bekannt. Es ist zum einen möglich, dass der Befehl geringfügig verändert wurde, zum anderen kann es aber auch sein, dass die Gruppierung nicht mehr möglich ist. Eine dritte Möglichkeit wäre, dass der Prototyp die Gruppierung noch nicht unterstützt. Das Beispiel wurde aus der Arbeit von Bry und Schaffert übernommen.

5 Zusammenfassung und Ausblick

Die Arbeit beschreibt den Aufbau und die Funktionsweise der Sprache Xcerpt. Dazu wurden zunächst die Basiskonstrukte vorgestellt, aus denen ein Xcerpt-Programm grundsätzlich besteht. Anschließend wurde die Anordnung der Basiskonstrukte in Xcerpt beschrieben.

Wie bereits zu Beginn der Arbeit erwähnt, handelt es sich bei Xcerpt um eine recht junge experimentelle Sprache, deren Entwicklungsprozess erst begonnen hat. So beschreiben

Bry und Schaffert eine Vielzahl von zusätzlichen Features, welche sich bereits in der Entwicklung befinden. Eine Auswahl soll an dieser Stelle kurz angegeben werden. (vgl. Bry/Schaffert 2002)

Basic datatypes: Der Datentyp String soll um numerische Datentypen erweitert werden (integer, real, float etc.)

Berechnungen: Xcerpt soll um die Berechnungen von Minimum, Maximum und Durchschnitt bei numerischen Datentypen erweitert werden.

Nuzerabhängige Einschränkungen für Variablen: Die in den Query Terms verwendeten Variablen sollen vom Nutzer Einschränkungen erhalten, die bei der Bindung von Werten mit den Variablen berücksichtigt werden sollen.

System and user-definded functions: Funktionen können außerhalb von Xcerpt geschrieben werden. Anschließend kann Xcerpt durch einen Verweis diese Funktionen nutzen.

Polymorphic Type system: Das Typsystem hat 2 Vorteile. Zum einen können Fehler bei der Programmierung bei der Compilierung erkannt werden. Zum anderen ist die Auswertung der Anfragen effizienter.

Declaration: Es soll ermöglicht werden, Variablen und Typen in einem Xcerpt-Programm lokal zu deklarieren. Variablen und Typen gelten somit nur für einen Programmteil, wodurch Variablen gleichen Namens in unterschiedlichen Programmteilen auch unterschiedliche Werte enthalten können.

Modules: Module sollen den Import und Export von Programmteilen ermöglichen.

Negation: Xcerpt soll um die Negationsfunktion erweitert werden.

Die Erweiterung und Verfeinerung der Sprache Xcerpt stellen die zukünftigen Herausforderungen der Entwickler dar und entscheiden gleichzeitig über den Erfolg oder Misserfolg dieses Experiments.

Literaturverzeichnis

Berger, S.; Bry, F.; Schaffert, S. (2004): Xcerpt und visXcerpt: deduktive Anfragesprachen für das Web, http://www.pms.ifi.lmu.de/publikationen/PMS-FB/PMS-FB-2004-8.pdf, letzter Zugriff: 30.06.2004

Bry, F.; Schaffert, S. (2002): A Gentle Introduction into Xcerpt, a Rule-Based Query and Transformation Language for XML, http://www.pms.ifi.lmu.de/publikationen/PMS-FB/PMS-FB-2002-11.pdf, letzter Zugriff: 30.06.2004

Anhang A:

XML-Quelldatei

```
<bib>
    <book>
            <title>TCP/IP Illustrated</title>
            <authors>
                    <author>W. Stevens </author>
            </authors>
            <publisher>Addison-Wesley</publisher>
            <price>65.95</price>
    </book>
    <book>
            <title>Advanced Programming in the Unix environment</title>
            <authors>
                    <author>W. Stevens </author>
            </authors>
            <publisher>Addison-Wesley</publisher>
            <price>65.95</price>
    </book>
    <book>
            <title>Data on the Web</title>
            <authors>
                    <author>Serge Abiteboul</author>
                    <author> Peter Buneman</author>
                    <author>Dan Suciu</author>
            </authors>
            <publisher>Morgan Kaufmann Publishers</publisher>
            <price>39.95</price>
    </book>
    <book>
            <title>The Economics of Technology and Content for Digital
                TV</title>
            <editor>
                    <last>Gerbarg</last>
                    <first>Darcy</first>
                    <affiliation>CITI</affiliation>
            </editor>
            <publisher>Kluwer Academic Publishers</publisher>
            <price>129.95</price>
    </book>
</bib>
```

www.ingramcontent.com/pod-product-compliance
Lightning Source LLC
LaVergne TN
LVHW042317060326
832902LV00009B/1546